SOCIÉTÉ ANONYME
DES TUILERIES DE L'INDOCHINE

Notre fabrication

Tous nos carreaux ciment sont fabriqués par le procédé dit « au sec », c'est-à-dire avec 7 à 8 °/o d'eau seulement dans le mortier de constitution. Ils sont comprimés à 350 kgs au cm2 à la presse à genouillière système Bernhardi. La surface d'usure de nos carreaux est toujours constituée en ciment blanc pur, marque Pavin de Lafarge.

Le mortier de fond est établi au gré de notre clientèle :

soit en mortier de sable normal à 350 kgs de Portland artificiel au mètre cube,

soit en mortier à même dosage dans lequel le sable est remplacé par du ciment de tuileau.

Cette dernière composition offre sur la précédente les avantages suivants :

1°/ moindre densité que le carreau en mortier de sable, d'où économie sur le transport ;

2°/ porosité relative de la masse du fond, qui tend à absorber les condensations de surface, lors des brusques variations de température ;

3°/ plus grande facilité de sciage ou découpage de ces carreaux, ce qui en rend la pose très facile ;

4°/ insonorité supérieure à celle du carreau de sable et meilleur isolement

Nous fabriquons ce carreau pour l'exportation avec une légère armature intérieure sans augmentation de prix.

Nos prix s'entendent sur wagon ou chaloupe départ, sous emballage à claire-voie.

Le présent tarif annule les précédents.

Hanoi, le 19

SOCIÉTÉ ANONYME
DES TUILERIES DE L'INDOCHINE

Instructions pour la Pose et l'Entretien

La forme en béton maigre étant bien pilonnée et dressée, répartir sur une petite surface le bain de pose proprement dit. Ce mortier de pose sera préférablement un mortier de ciment à un volume de ciment pour trois volumes de sable. A la rigueur, on peut employer un mortier bâtard. Son épaisseur varie de 10 à 15 millimètres. Chaque carreau étant préalablement bien trempé dans un baquet d'eau, le poseur l'assujettit dans le bain de mortier par quelques petits coups du manche de son outil. Pour nos carrelages de style annamite, comportant un motif central, il faut nécessairement commencer par poser ce motif central en se guidant au moyen des règles à niveau sur les carreaux-repères que l'on aura eu soin de poser d'abord aux quatre coins de la salle pour établir le niveau du carrelage. Ne pas couler de ciment liquide dans les joints, ainsi qu'ont coutume de faire les maçons indigènes. Remplir ces joints avec un peu de mortier sec (sable fin et ciment), bien balayer la surface du carrelage et arroser très légèrement avec un arrosoir à pomme fine. Ce remplissage des joints au mortier sec ne doit se faire que trois ou quatre jours après la pose des carreaux, alors que le mortier de fond a déjà fait prise.

Il arrive que des efflorescences blanches, provenant de la chaux libre contenue dans le ciment blanc, apparaissent à la surface des carreaux au bout de quinze jours ou un mois après la pose. Ces efflorescences disparaîtront facilement au moyen d'un décapage au sable de rivière ordinaire : Jeter une petite quantité de sable sur le carrelage et frotter avec une vieille toile mouillée. Le nettoyage des efflorescences à l'acide doit être fait avec circonspection et en n'employant qu'une faible dose (1 volume d'acide chlorydrique pour 25 volumes d'eau). Les carreaux étant bien nettoyés peuvent être cirés après séchage complet. Il ne faut pas moins de trois mois pour obtenir la parfaite siccité du carrelage et de son mortier de pose.

L'usage de l'eau savonneuse et des eaux de lessive pour le lavage de nos carreaux en augmente considérablement la dureté et avive leurs couleurs.

SOCIÉTÉ ANONYME
DES TUILERIES DE L'INDOCHINE

Le N° 300 se fabrique également en noir et en rouge, avec bordure grecque rouge sur commande.

N° 300 — Carreaux 20 × 20 25 au mètre carré.

Prix. . . . . . le mètre carré – Poids : 40 Kgs. le mètre.

SOCIÉTÉ ANONYME
DES TUILERIES DE L'INDOCHINE

Se fabrique également avec coins rouges et bordure grecque de même couleur.

N° 301 — Carreaux 20 × 20 25 au mètre carré.

Prix. . . . . . . le mètre carré — Poids : 40 Kgs, le mètre.

SOCIÉTÉ ANONYME
DES TUILERIES DE L'INDOCHINE

Pour vestibules, bureaux, chambres à coucher, etc.

N° 302 — Carreaux 20 × 20 25 au mètre carré.

Prix. . . . . . le mètre carré – Poids : 40 Kgs, le mètre.

SOCIÉTÉ ANONYME
DES TUILERIES DE L'INDOCHINE

N° 303 — Carreaux 20 × 20 25 au mètre carré.

Prix. . . . . . le mètre carré — Poids : 40 Kgs, le mètre.

SOCIÉTÉ ANONYME
DES TUILERIES DE L'INDOCHINE

Convient particulièrement pour salles de bain.

N° 304 — Carreaux 20 × 20 25 au mètre carré.

Prix. . . . . . le mètre carré – Poids : 40 Kgs, le mètre.

SOCIÉTÉ ANONYME
DES TUILERIES DE L'INDOCHINE

Pour salles de bains, vérandhas.

No 305 — Carreaux 20 × 20 25 au mètre carré.

Prix. . . . . . le mètre carré — Poids : 40 Kgs, le mètre.

SOCIÉTÉ ANONYME
DES TUILERIES DE L'INDOCHINE

N° 306 — Carreaux 20 × 20 25 au mètre carré.

Prix. . . . . . . le mètre carré — Poids : 40 Kgs, le mètre.

SOCIETE ANONYME
DES TUILERIES DE L'INDOCHINE

N° 307 — Carreaux 20 × 20 25 au mètre carré.

Prix. . . . . . le mètre carré – Poids : 40 Kgs, le mètre.

N° 308 — Carreaux 20 × 20 25 au mètre carré.

Prix. . . . . . le mètre carré – Poids : 40 Kgs, le mètre.

N° 309 — Carreaux 20 × 20 25 au mètre carré.

Prix. . . . . . . le mètre carré – **Poids : 40 Kgs, le mètre.**

SOCIÉTÉ ANONYME
DES TUILERIES DE L'INDOCHINE

N° 310 — Carreaux 20 × 20 25 au mètre carré.

Prix. . . . . . . le mètre carré — Poids : 40 Kgs, le mètre.

SOCIÉTÉ ANONYME
DES TUILERIES DE L'INDOCHINE

No 311 — Carreaux 20 × 20 25 au mètre carré.

Prix. . . . . . . le mètre carré – Poids : 40 Kgs, le mètre.

SOCIÉTÉ ANONYME
DES TUILERIES DE L'INDOCHINE

No 312 — Carreaux 20 × 20 25 au mètre carré.

Prix. . . . . . le mètre carré – Poids : 40 Kgs, le mètre.

SOCIÉTÉ ANONYME
DES TUILERIES DE L'INDOCHINE

N° 313 — Carreaux 20 × 20   25 au mètre carré.

Prix. . . . . . le mètre carré — Poids : 40 Kgs, le mètre.

SOCIÉTÉ ANONYME
DES TUILERIES DE L'INDOCHINE

N° 314 — Carreaux 20 × 20 25 au mètre carré.

Prix. . . . . . . le mètre carré — Poids : 40 Kgs, le mètre.

SOCIÉTÉ ANONYME
DES TUILERIES DE L'INDOCHINE

Nº 315 — Carreaux 20 × 20 25 au mètre carré.

Prix. . . . . . . le mètre carré – Poids : 40 Kgs, le mètre.

SOCIÉTÉ ANONYME
DES TUILERIES DE L'INDOCHINE

N° 316 — Carreaux 20 × 20 25 au mètre carré.

Prix. . . . . . le mètre carré — Poids : 40 Kgs, le mètre.

SOCIÉTÉ ANONYME
DES TUILERIES DE L'INDOCHINE

Ce modèle a été employé au carrelage du Théâtre Municipal de Hanoi.

N° 317 — Carreaux 20 × 20 25 au mètre carré.

Prix. . . . . . le mètre carré – Poids : 40 Kgs, le mètre.

SOCIÉTÉ ANONYME
DES TUILERIES DE L'INDOCHINE

Ce modèle a été employé au carrelage des magasins de vente « Indochine Films et Cinéma »

N° 318 — Carreaux 20 × 20 25 au mètre carré.

Prix. . . . . . . le mètre carré — Poids : 40 Kgs, le mètre.

SOCIÉTÉ ANONYME
DES TUILERIES DE L'INDOCHINE

CARREAUX « DRAGONS » ET « CHAUVE-SOURIS »

Ces carreaux de style local conviennent pour toutes dimensions de pièces à partir de 3 m 60 sur 4 m 40. Pour les pièces de dimensions supérieures, il suffit d'intercaler le nombre nécessaire de carreaux de bordure dans les deux sens. Pour les très grandes salles, on peut juxtaposer autant de motifs qu'il est nécessaire pour orner la pièce entière

Ces deux modèles de carreaux ont été employés à l'Hôtel particulier de de Monsieur Hoàng-Gia-Luân, Boulevard Borgnis-Desbordes, à Hanoi.

(Déposés conformément à la loi)

N. B. — Pour la facilité de la pose une étiquette portant un repère conforme aux plans d'assemblage ci-contre est collée sur chaque carreau.

www.ingramcontent.com/pod-product-compliance
Lightning Source LLC
LaVergne TN
LVHW010249230826
846091LV00007B/2874

* 9 7 8 2 3 2 9 1 9 8 2 4 8 *